CB073676

# O MELHOR DO CORTELLA

MARIO SERGIO CORTELLA

# O MELHOR DO CORTELLA

## TRILHAS DO PENSAR
### IDEIAS, FRASES E INSPIRAÇÕES

Planeta

Copyright © Mario Sergio Cortella, 2018
Copyright © Editora Planeta do Brasil, 2018
Todos os direitos reservados.

*Seleção inicial dos excertos:* Janete Bernardo da Silva
*Edição e ordenamento final para o autor:* Paulo Jebaili

*Revisão:* Vivian Miwa Matsushita e Carmen T. S. Costa
*Projeto gráfico e diagramação:* Marcela Badolatto
*Capa:* Mateus Valadares

Dados Internacionais de Catalogação na Publicação (CIP)
Angélica Ilacqua CRB-8/7057

Cortella, Mario Sergio
O melhor do Cortella / Mario Sergio Cortella. -- São Paulo : Planeta do Brasil, 2018.
144 p.

ISBN: 978-85-422-1497-0

18-1845                                                           CDD 100

Índices para catálogo sistemático:
1. Filosofia 2. Citações e máximas I. Título

2018
Todos os direitos desta edição reservados à
Editora Planeta do Brasil Ltda.
Rua Padre João Manuel, 100 – 21º andar
Ed. Horsa II – Cerqueira César
01411-000 – São Paulo-SP
www.planetadelivros.com.br
atendimento@editoraplaneta.com.br

*Para Claudia Hamra,
guria amorosa, desatadora de nós e exímia
cuidadora de sonhos partilhados...*

# SUMÁRIO

**TRINTA ANOS DE ESCRITOS** ........................ 11

**FILOSOFIA** ..................................................... 29
  *Pensar e existir* ............................................. 31
  *Individual e coletivo* ..................................... 35
  *O humano no mundo* ..................................... 39
  *Liberdades e limites* ..................................... 43
  *Felicidade e suas medidas* ............................. 47
  *Escolhas, erros e acertos* ............................... 51
  *Dicionário conceitual* ..................................... 53
  *Esperança, do princípio ao fim* ...................... 59
  *Virtudes vitais* ............................................... 63
  *Morte: real e simbólica* .................................. 65
  *Tempos do tempo* ........................................... 71
  *Cotidiano acelerado, mundo fugaz* ................ 77

**POLÍTICA** ...................................................... 81
  *A polis é nossa* ............................................... 83
  *Democracia: soma de autonomias* ................ 89
  *Corrupção: a decência em corrosão* .............. 93

*Ética na nossa casa* ........................ 97
*Bem público* ................................ 101
*Participação x omissão* .................. 103
*Poder: de quem para quem* ............ 107

**RELIGIÃO** ...................................... 111
*Crenças e caminhos* ..................... 113
*Espiritualidade: além da matéria* ...... 117

**CIÊNCIA E ARTE** ........................... 121
*Os seres e o mundo* ...................... 123
*Tecnologia: espaço e memória* ......... 127
*Artes e impressões* ....................... 129
*Criação e fruição* .......................... 131
*Letras vivas* ................................ 133

**BIBLIOGRAFIA** .............................. 139

# TRINTA ANOS DE ESCRITOS...

O ano de 2018 guarda uma marca especial em minha trajetória, pois completo trinta anos como autor de livros. Até a presente data, contabilizo 37 obras, excetuando os textos acadêmicos, as publicações resultantes de participações em seminários e os capítulos que compõem outros livros.

A minha autoria no mundo das letras se inicia em 1988, com a publicação de *Descartes, a paixão pela razão*. Essa obra fazia parte da coleção "Prazer em conhecer", da editora FTD, hoje disponível somente como *e-book* em autopublicação. Eram livros de Filosofia voltados para o ensino médio (à época ainda chamado de segundo grau), que traziam reflexões sobre variados pensadores, a partir da visão de alguns intelectuais. A coleção contemplava, por exemplo, um volume sobre Jean-Jacques Rousseau, feito por Luiz Roberto Salinas Fortes; outro sobre Karl Marx, escrito por Moacir Gadotti; outro sobre Jean-Paul Sartre, por Fernando José de Almeida. Essa coleção foi saindo e recebi esse primeiro convite para publicar uma obra.

O coordenador da coleção era Jorge Cláudio Ribeiro Jr. (que escreveu sobre Platão) e cada convidado sugeria um filósofo para abordar. Escolhi René Descartes, pois sempre tive uma grande curiosidade para entender por que esse pensador e matemático francês tinha essa paixão pela razão. A propósito, esse título trabalhava com essa contradição. Afinal de contas, quando alguém tem contato com a Filosofia da modernidade, identifica a noção de paixão muito mais com Pascal do que com Descartes. Mas a minha intenção foi colocar Descartes como aquele que apresenta o que considero a mais importante das ferramentas da Filosofia: a capacidade da suspeita.

Some-se a isso, claro, o fato de que eu gostava muito de Descartes. Curiosamente, o primeiro livro que eu comprei depois de me mudar de Londrina para São Paulo foi justamente *O discurso do método*. Eu tinha 14 anos de idade e o vi numa banca de jornal que vendia livros usados, na esquina da avenida Angélica com a rua Alagoas, na área central da cidade.

Esse pensador tem uma grande importância na minha vida. Meu primeiro livro como autor é dedicado aos meus filhos e começa mencionando o professor Edson (por nós apelidado de "Cartesiano"), que me introduziu ao pensamento de Descartes, ao me ensinar matemática, quando eu cheguei ao Colégio Estadual Professora Marina Cintra, na Consolação, em São Paulo. Esse livro é também dedicado a Mozart, compositor austríaco que, na minha concepção, representa a grande expressão da capacidade estética.

Mozart "inventou" para mim o encantamento pela música. Embora eu tenha outros autores nesse campo que dividem a minha predileção, como Beethoven e Bach, foi Mozart quem mais me encantou até hoje.

A publicação seguinte acontece dez anos depois, com o lançamento de *A escola e o conhecimento,* pela editora Cortez, em 1998. Eu tive publicações nesse meio-tempo, como, por exemplo, uma para o Ministério da Educação, que mais tarde se transformaria em *Filosofia e ensino médio*, pela editora Vozes, resultante da minha dissertação de mestrado, defendida em 1989. Foi um livro publicado em dois volumes, com uma versão para o professor e outra para o aluno. Já *A escola e o conhecimento*, por sua vez, é um desdobramento da minha tese de doutorado.

Esse livro também carrega uma curiosidade, porém, com uma nota de tristeza. A minha tese de doutorado foi orientada por Paulo Freire. A defesa estava marcada para maio de 1997 e, no segundo dia desse mês, o professor Paulo faleceu. Obviamente, a defesa foi postergada. Ela aconteceu em junho e com Ana Maria Araújo Freire, viúva de Paulo Freire, no lugar dele. Mais conhecida como Nita Freire, ela também é doutora em Educação. Eu fui o último e o único orientando de Paulo Freire na década final da vida dele, de 1987 a 1997.

Publicado no ano seguinte, o livro *A escola e o conhecimento* é dedicado a Paulo Freire. Eu o considero um livro acadêmico sem ser academicista. Quando comecei a preparar essa tese, disse ao professor Paulo que minha intenção era fazer algo que pudesse estabelecer uma comunicação efetiva com o professor da Escola Pública, que pudesse ser lido não como uma tese de doutorado, mas como um material de reflexão para a docência no dia a dia.

Durante a produção desse material, a editora Cortez me procurou manifestando interesse na publicação. Como o intuito era mesmo fazer um texto que estabelecesse uma conexão com os docentes, o livro é quase uma repetição da tese, tal qual ela foi defendida. As modificações foram muito poucas.

Na passagem dos anos 1990 até meados da década de 2000, não publiquei outros títulos como autor exclusivo, porém, esse período é marcado por algo que influenciaria a produção futura: eu passei a ter uma presença muito mais constante na mídia. Tendo sido secretário municipal de Educação de São Paulo entre 1991 e 1992, era chamado para entrevistas e debates em programas de rádio e televisão, o que me formou um pouco mais para atuar também nessa forma de comunicação.

A partir de 1994 e até 2001, fui apresentador do programa *Diálogos Impertinentes*, quando a TV universitária dava seus primeiros passos por cabo no Brasil. Apresentei também o *Modernidade,* programa semanal na TV Sesc-Senac. Posteriormente, atuei em programas de rádio e televisão, e na mídia impressa.

Em 2005, lancei *Não espere pelo epitáfio*, que é um desdobramento da minha presença na mídia. Esse livro nasce quando a editora Vozes propõe uma obra com pensatas pedagógicas. Esse, de fato, seria o título de um livro, mas que só teria seu lançamento quase uma década depois, em 2014, ampliado e renomeado em 2018 como *Nós e a Escola: agonias e alegrias*.

A minha proposta naquele momento foi fazer um livro que reunisse, de modo estruturado, parte das minhas colunas publicadas no caderno "Equilíbrio", da *Folha de S.Paulo*. A sugestão foi aprovada e, nos mesmos moldes, no ano seguinte foi lançado *Não nascemos prontos!*.

A esses dois títulos, somou-se o *Não se desespere!*, formando uma trilogia, posteriormente reunida num box.

A ideia original não era fazer uma trilogia, mas os livros foram reunindo características comuns. Por exemplo, o título de cada um deles reproduz o título do capítulo principal. E a palavra "Não", presente em todos eles, nunca foi no sentido de negação, mas de alerta, de advertência. Como história de bastidor, devo contar que o título do último volume da trilogia nasce de uma brincadeira. Toda vez que alguém da Vozes me cobrava um terceiro livro, eu respondia: "Não se desespere, não se desespere...".

Ainda no ano de 2005, é lançado meu primeiro título para a coleção "Papirus Debates", da Papirus 7 Mares. Trata-se de *Nos labirintos da moral*, com o psicólogo Yves de la Taille. Essa coleção se notabiliza pelos livros em coautoria, em formato de diálogos. Desde então, já participei de 11 obras nesse modelo, tendo como parceiros Eugenio Mussak, Renato Janine Ribeiro, Clóvis de Barros Filho, Terezinha Rios,

Marcelo Tas, Pedro Mandelli, Frei Betto, Pedro Bial, Gilberto Dimenstein, Leandro Karnal e Luiz Felipe Pondé. Para 2019, está previsto o lançamento do décimo segundo título, em coautoria com a Monja Coen, em que debatemos sobre vida virtuosa e vida viciosa.

Esse formato me encantou desde o início, pela possibilidade de fazer com que o leitor pudesse acompanhar uma conversa, como se ele estivesse ao lado ou fazendo algo que eu chamo de "audiência ativa". Parece um conceito estranho, mas é uma percepção semelhante a quando eu estou assistindo a uma partida de futebol. Não estou jogando, mas estou participando. Quando estou em um concerto de música ou em um show de rock, eu não estou tocando, mas estou participando. Uma audiência ativa é aquela em que a pessoa não se restringe a ser mera espectadora.

Nessa série, o leitor tem ali uma audiência em que atua também refletindo, também imaginando qual seria a resposta que ele daria. O leitor participa da conversa, ainda que virtualmente. Isso é algo que sempre me encantou nesse modelo de reflexão.

Ao longo da minha produção, eu também tive livros em coautoria, que não são em formato de diálogos. Um deles é *O que é a pergunta?* (Cortez), com Silmara Casadei, no modelo de dois autores tratando de um tema em texto corrido. Ou ainda *Felicidade, foi-se embora?* (Vozes), dividido com Frei Betto e Leonardo Boff, em que cada autor produz uma parte bem demarcada da obra.

Outro ponto importante na minha trajetória literária acontece em 2007, com o lançamento do *Qual é a tua obra?*, que se tornou um de meus maiores sucessos como autor. Desde que chegou ao mercado, o livro frequentou diversas listas dos mais vendidos, beirando a casa de meio milhão de exemplares. Um trabalho que ultrapassou qualquer medida que eu imaginava.

Alguns fatores se conjugaram para esse desempenho. Por tratar de gestão, liderança e ética, ele despertou muito interesse por parte das empresas. Então, por exemplo, um banco comprou 500 exemplares para distribuir entre os seus funcionários; outra multinacional comprou mais um lote de 500 para oferecer a seus gestores e assim por diante. O fato de eu ser professor da Fundação Dom Cabral, com alunos executivos de grandes empresas, também ajudou na difusão da obra.

Em termos de contexto, vale lembrar que, no final dos anos 2000, já havia uma conversa muito forte em relação ao propósito, um dos temas relevantes do livro. Tratava também de ética e começou a circular em meio à crise financeira mundial, quando o debate sobre práticas e condutas no mundo corporativo veio com força à tona.

A partir do *Qual é a tua obra?*, minha produção se intensificou. E, novamente, uma combinação de fatores contribuiu para isso. Um deles é a parceria, estabelecida já nesse livro, com o jornalista Paulo Jebaili, que atua como "editor para autor" em boa parte das obras lançadas desde então. Nós estabelecemos um modelo, um modo de fazer que, respeitando a autoria, eleva a capacidade de maior fertilidade, por meio de estruturação, questionamento, proposição.

Concomitantemente, estava em curso um movimento meu de ir me retirando da universidade. Em 2009, decidi que iria reduzir pouco a pouco a minha carga no cotidiano acadêmico, porque eu queria me aposentar. Em 2012, eu completaria (como completei) 35 anos de PUC-SP. Eu era professor titular e comecei a preparar a minha saída de forma paulatina. Em 2009, meu contrato de quarenta horas passou para trinta; em 2010, para vinte horas; em 2011, para dez; e em 2012 eu me aposentei. Essa redução da carga na docência – também na FGV-SP e na FDC – me permitiu intensificar os esforços na rota da escrita. Tanto que, em 2009, foram quatro títulos lançados no mercado editorial.

Nesse período também houve uma exponencial difusão das plataformas digitais, as quais aceleraram a capacidade de comunicação, deram uma evidência maior a conteúdos e passaram a funcionar como outra forma de mídia que, até então, não tinha tanta presença.

O meio digital me conduziu a um público ampliado e que hoje é mais jovem também. Em 2008, por exemplo, eu encontrava um menino de 16 anos que dizia "meu pai gosta muito de você". Agora eu encontro com frequência pais dizendo "meu filho gosta muito de você". Nessas ocasiões, pergunto "quantos anos tem seu filho?", e muitas vezes me respondem "tem 12, ele vê teus vídeos". Sim, de fato, meus vídeos começaram a circular em larga escala na internet. Um que deflagrou bastante essa notoriedade foi o que conta a história do universo, o "Você sabe com quem está falando?". Esse vídeo viralizou, a ponto de acumular milhões de visualizações.

Em meio a todos esses movimentos, chego a trinta anos de escritos e 37 títulos publicados.

Nesses anos, trabalhei basicamente com quatro editoras: a Cortez, na área de educação e formação; a Vozes, na área da Filosofia e do conhecimento do mundo corporativo atrelado à reflexão filosófica; a Papirus, com essa série dialogal que trata de temas diversos, de liderança a esperança, passando por política; e a Planeta, que agrega elementos comuns dessas abordagens anteriores.

Vale ressaltar que essa produção autoral de 37 livros resulta em grande medida da leitura de mais de 10 mil obras. Eu comecei a ler aos 6 anos de idade, portanto, há sessenta anos. Eu não sou um escritor no ponto de partida, embora muitas vezes me coloquem prioritariamente nessa condição. Sou antes de tudo um docente, em última instância, um comunicador. Mas, ao estabelecer essa comunicação, eu sou um docente, alguém que ensina por meio do livro, do rádio, da TV, das palestras. Isso exige estudo e leitura. Por isso, esses 10 mil livros compuseram essa trajetória de seis décadas desde a minha alfabetização.

Num certo sentido, o livro que escrevo é o meu rearranjo das ideias que já li. Dos autores que contribuíram para a minha formação. Às vezes, me perguntam se eu acredito em psicografia. Eu respondo, de modo respeitoso mas humorado: "Claro, eu mesmo psicografo". Mas não no sentido religioso. Eu psicografo porque boa parte daquilo que escrevo veio por intermédio de autores que já morreram. Não como repetição, mas na maneira que eu encontro de rearranjar as ideias sobre o mundo que me cerca e me afeta.

Do mesmo modo, tem sido comum eu ouvir que a minha escrita serve de inspiração para outros autores. Frases como "eu resolvi escrever um livro depois que eu li os teus" e "eu uso muito você no meu livro" têm sido cada vez mais recorrentes. E é assim mesmo. Eu acho que o poema que melhor identifica esse fenômeno é o *Tecendo a manhã*, de João Cabral de Melo Neto, em que ele diz que "um galo sozinho não tece uma manhã/ ele precisará sempre de outros galos". A lógica é que um canta, o outro apoia o canto do outro lado, e mais outro, e assim se vai tecendo a manhã. Nós também vamos tecendo, tecendo... Tecemos juntos essas histórias.

Devo dizer que não apenas os autores que li me acompanham. Todas as vezes que eu vou escrever ou autografar um livro, sinto na minha mão o peso sutil da mão da professora Mercedes Martins Madureira, que foi quem me alfabetizou no antigo Grupo Escolar Hugo Simas, em Londrina, quando eu tinha 6 anos. Não se trata de esoterismo ou ectoplasma. Essa sensação reside no campo afetivo e simbólico. A pessoa que, em 1960, me ensinou a escrever, continua comigo até hoje.

Nesses trinta anos, meus 37 livros tiveram mais de 1,5 milhão de exemplares comercializados, algo que sempre alegremente me espanta, não por fingida modéstia, mas por não supor que pudesse assim ser quando comecei este bom ofício.

Todas as minhas obras estão repletas das gentes que, porque ainda me inspiram, com minha gratidão em mim vivem...

# FILOSOFIA

## Pensar e existir

A Filosofia é um olhar sistemático, metódico e programado sobre as razões das coisas.
→ *(Pensar bem nos faz bem! 1. P. 13)*

Por que parar para pensar? Será tão difícil pensar enquanto se continua fazendo outras coisas, ou, melhor ainda, seria possível fazer sem pensar e, num determinado momento, ter de parar? Ora, pensar é uma atitude contínua, e não um evento episódico! Não é preciso parar, e nem se deve fazê-lo, sob pena de romper com nossa liberdade consciente.
→ *(Não nascemos prontos! P. 63/64)*

Assim existimos: fazendo. E, porque fazemos, pensamos. E, porque pensamos, fazemos nossa existência. É por isso que a prática de pensar a prática – o que fazemos – é a única maneira de pensar – e de fazer – com exatidão.

→ *(A escola e o conhecimento. P. 92)*


O que significa o afeto pela sabedoria, que é o que define a filosofia? A capacidade de interromper a prática produtiva para dedicar-se a pensar sobre si mesmo.

→ *(Basta de cidadania obscena! P. 51)*


Reflexão é a ideia de voltar o pensamento sobre o próprio pensamento; pensar sobre aquilo que estava sendo pensado de maneira a evitar a precipitação, a intempestividade, a palavra ou a ideia que não deva ser exposta.

→ *(Pensar bem nos faz bem! 3. P. 36)*

Mesmo as ideias mais abstratas expressam uma realidade concreta, seja para entendê-la, seja para atuar sobre ela.

→ *(Descartes: a paixão pela razão. P.13)*


Nós não temos uma compreensão clara, lógica, das razões por que certos eventos acontecem. Somos um ser que precisa construir ordem, dado que a realidade, olhada em si, não faz todo o sentido.

→ *(A sorte segue a coragem! P. 20)*


O nosso modo de vida no Ocidente está em crise e algumas questões relevantes vêm à tona: a compreensão sobre a nossa importância, o nosso lugar na vida, o que vale e o que não vale, qual é o próprio sentido da existência.

→ *(Qual é a tua obra? P. 64)*

Desde sempre, e mais ainda nestes tempos, nossos grandes medos vêm do escuro. O homem não teme o que vê, mas o que não vê.
→ *(Viver em paz para morrer em paz. P. 127)*


Uma pessoa inteligente, com humildade e sabedoria, é aquela que consolida as certezas do que deve fazer a partir da capacidade de não supor que estas são imutáveis e invulneráveis. Afinal, sabemos, a melhor maneira de ficar vulnerável é pensar-se como invulnerável...
→ *(Não se desespere! P. 122)*

# Individual e coletivo

Pergunta clássica: existe algum medo universal? Parece que o medo mais presente em todas as culturas é o do abandono e da solidão; somos seres gregários, e agregados queremos estar. Ficar sozinho é um desejo eventual; ser solitário é um desespero.

→ *(Não se desespere! P. 69)*


Os termos "solidão" e "solidariedade" são assemelhados apenas na aparência, jamais no conteúdo; solidariedade vem de "solidez", daquilo que consolida e dá firmeza à vida coletiva, enquanto que solidão está atada à ideia de ser e ou estar "por si mesmo", em puro isolamento.

→ *(Não nascemos prontos! P. 73/74)*

Às vezes, quando se fala do homem primitivo, que é o homem pré-histórico ou o "homem das cavernas", muitos o imaginam como homem de violência. Mas, pela perspectiva da antropologia, é preciso lembrar que a grande valia da nossa espécie, quando estávamos nos estruturando, foi a capacidade de cooperação.

→ *(Não se desespere! P. 24)*

Para não exaurir nossa humanidade, é urgente cooperar, e, todos os dias, recordar este ditado africano: "Se quiser ir apenas rápido, vá sozinho; se quiser ir longe, vá com alguém...".

→ *(Não se desespere! P. 42)*

A liberdade pessoal é necessária. O avanço da noção de indivíduo, desde a Renascença, foi decisivo para o desenvolvimento da sociedade como a conhecemos. Contudo, o individualismo se transformou em obsessão em vários momentos, o que é especialmente evidente na substituição do *indivíduo* pelo *individual* – entendido como exclusivo, e não como identidade.

→ *(Política: Para não ser idiota. P. 10)*


Se eu não me pertenço, não tenho uma vida que possa entender como a "minha vida". Frases como "na minha vida mando eu" ou "na minha vida eu é que decido" não representam uma expressão de individualismo, mas são, sim, uma expressão do indivíduo, isto é, da capacidade de querer uma vida que possa ser partilhada.

→ *(Vivemos mais! Vivemos bem? P. 42)*

Sou único, mas não sou *o* único. Eu não conseguiria falar da minha vida restringindo-me apenas a mim sem mencionar os outros que comigo estão nesta vida. Porque a minha vida não existe sozinha, isoladamente. É uma vida com outras pessoas. Falar da minha vida significa falar de história e não de biografia.

→ *(Vivemos mais! Vivemos bem? P. 44)*

Bons propósitos são aqueles que elevam o indivíduo e a comunidade na qual ele está inserido.

→ *(Por que fazemos o que fazemos? P. 91)*

A ideia de valores é o que dá sustentação na nossa capacidade de vida coletiva, é aquilo que faz com que a vida não perca o sentido, que faz com que ela tenha valor, ou seja, que tenha validade.

→ *(Educação, escola e docência. P. 105)*

# O HUMANO NO MUNDO

O que vai nos diferenciar, de fato, é que só o animal humano é capaz de ação transformadora consciente, ou seja, é capaz de agir intencionalmente (e não apenas instintivamente ou por reflexo condicionado) em busca de uma mudança no ambiente que o favoreça.

→ *(A escola e o conhecimento. P. 36/37)*


A principal contribuição de Descartes a seu tempo e aos séculos que se seguiram foi tentar fortalecer a Razão como uma ferramenta confiável para o ser humano poder interferir sobre a realidade.

→ *(Descartes: a paixão pela razão. P.49)*

Eu tenho muito medo do absolutamente conhecido. Fico aterrorizado, por exemplo, quando percorro uma trilha que já fiz e de repente me dou conta de que estou me repetindo, fazendo aquilo sem perceber, isto é, agindo automaticamente, roboticamente.

→ *(Vivemos mais! Vivemos bem? P. 11)*


Uma vida com propósito é aquela em que sou autor da minha própria vida. Eu não sou alguém que vou vivendo.

→ *(Por que fazemos o que fazemos? P. 46)*


Toda gravidade contém, em si, uma gravidez, a possibilidade de dar à luz uma nova situação, a um novo momento, a uma nova circunstância.

→ *(Pensar bem nos faz bem! 1. P. 75)*

Viver é perigoso porque viver é desafio de fato. É o desafio da criação do inédito. Afinal de contas, embora a vida seja dádiva na origem, como princípio, ela não é dádiva como ponto de chegada.

→ *(Vivemos mais! Vivemos bem? P. 9)*

Assumir a responsabilidade, ou não, pelo que vai acontecendo em nossa própria vida é uma decisão pessoal, intransferível. É uma questão de cada um buscar o que realmente quer, de reconhecer quem deseja no comando de sua vida.

→ *(Vivemos mais! Vivemos bem? P. 39)*

"(…) uma questão fundamental para qualquer pessoa é: 'Se eu não existisse, que falta faria?' ou 'que falta faço eu?'. Essas respostas estabelecem minhas razões de existência e também os senões da minha existência."

→ *(Viver em paz para morrer em paz. P. 174)*

# Liberdades e limites

Liberdade é a capacidade de emancipação, de ter a possibilidade de escolha, de decisão, de julgar por si mesmo ou por si mesma, sem ser constrangido ou obrigado a algo pela determinação natural ou social.

→ *(Pensar bem nos faz bem! 1. P. 28)*


Temos de enfrentar a realidade natural (que chamaremos de mundo), lutar contra ela, romper a adaptação, e isso não é uma questão de gosto ou vontade; essa luta não se situa no campo da liberdade mas no da necessidade! A liberdade será uma conquista paulatina na nossa História à medida que vamos vencendo a necessidade.

→ *(A escola e o conhecimento. P. 36)*

Em relação a qualquer coisa que se faça, a melhor razão é porque eu quero e não porque eu preciso.

→ *(Por que fazemos o que fazemos? P. 74)*


A maldade não é humana? Chama-se de brutalidade, bestialidade ou animalidade o ato praticado por um homem ou uma mulher que pareçam ter perdido o juízo ou feito algo que se entende como desumano. Desumano? Ora, somos capazes disso! Nossa liberdade nos permite e nos incrimina, nosso arbítrio nos autoriza e nos inculpa; diferentemente de outros seres, temos maior condição de autonomamente decidir e escolher.

→ *(Não espere pelo epitáfio! P. 86)*

Liberdade é fazer o que não prejudica outra pessoa.

→ *(Pensar bem nos faz bem! 4. P. 88)*


A felicidade também é a capacidade de conduzir a si mesmo, ainda que dramaticamente. Há uma grande felicidade em ser livre, não no sentido de soberano, mas de poder decidir sobre si mesmo sem ofender as outras pessoas. Há sim uma conexão forte entre felicidade e liberdade.

→ *(Felicidade foi-se embora? P. 122)*

# Felicidade e suas medidas

Há uma fratura muito forte do tema da felicidade no nosso cotidiano, pois não existe "felicidade individual". A felicidade é como a liberdade: a minha liberdade não acaba quando começa a do outro; acaba quando acaba a do outro. Se algum ser humano não for livre, ninguém é livre. Se alguém não for livre do descaso, do abandono, ninguém é livre.

→ *(Nos labirintos da moral. P. 19)*

Eu tenho esta frase: "Uma pessoa é tão mais feliz quanto menos chaves ela tiver". Porque quanto mais chaves você tem, mais está atrelado a coisas que, em vez de você possuir, elas te possuem, pois precisa tomar conta delas o tempo todo.

→ *(Felicidade foi-se embora? P. 103)*

Aquilo que mais apequena a vida é a perda da esperança na felicidade. E a felicidade não é só a ausência de atrito. A felicidade é a possibilidade de não fazer com que o atrito se transforme em ruptura.

→ *(Não se desespere! P. 28)*

Felizes são os humanos, pois não são felizes sempre – mas, quando o são, podem fruir a felicidade com grande intensidade.

*(Viver em paz para morrer em paz. P. 161)*

Felicidade, que é uma vibração intensa de uma sensação, mesmo que momentânea, em que se tem uma plenitude e um prazer imenso em estar vivo.

→ *(Felicidade foi-se embora? P. 82)*

Há pessoas que bloqueiam a passagem desses momentos em que é possível ser feliz. E essa é uma das questões mais sérias na vida. Tem gente que vive numa amargura tão grande, que se habitua e, mais do que isso, se compraz na amargura.

→ *(Felicidade foi-se embora? P. 85)*


Felicidade não é só a presença daquilo que se quer, mas também a condição de recusar, dizer não, afastar aquilo que não se quer.

→ *(Pensar bem nos faz bem! 1. P. 142)*

# Escolhas, erros e acertos

O termo verdade é dos mais complexos para ser conceituado pois origina-se sempre de um julgamento (habitual, consensual ou arbitrário) e, mais ainda, como todo juízo de valor (tal como o conhecimento que o provoca), é uma ocorrência histórica, ou seja, é relativo à Cultura e à Sociedade na qual emerge em certo momento.

→ *(A escola e o conhecimento. P. 50)*


A ideia de criticar é separar. A palavra veio da agricultura. Crítica, *criterion* em grego, é quando se separa o feijão da pedra, o arroz da palha, o trigo da sujeira. Portanto, criticar é selecionar. Para selecionar, é necessário ter critérios.

→ *(A era da curadoria. P. 44)*

Toda vida é composta por erros e acertos, por dores e delícias. A maioria das pessoas acredita piamente que aprende com os erros. Cautela com isso. Na minha opinião, aprendemos é com a correção dos erros; se aprendêssemos com os erros, o melhor método pedagógico seria errar bastante.

→ *(Viver em paz para morrer em paz. P. 39)*


Alguém que é capaz de admitir o erro está indicando que ganhou um nível maior de inteligência. Está, portanto, em um patamar superior ao que estava.

→ *(Pensar bem nos faz bem! 1. P. 95)*


Viver por erratas. Nós vivemos, de fato, nos corrigindo e criando novas edições de nós mesmos.

→ *(Pensar bem nos faz bem! 3. P. 97)*

# Dicionário conceitual

Caminhos novos a serem trilhados exigem a inteligência contida na flexibilidade. Ser flexível é diferente de ser volúvel. O volúvel muda de postura a qualquer momento, em função de movimentos ou "ventos" que não entende. Já a pessoa flexível é aquela que é capaz de alterar a própria convicção ou rota a partir de uma reflexão que leve em conta o diverso ou o inédito.

→ *(Pensatas pedagógicas. P. 36)*


Na vida, nós devemos ter raízes, e não âncoras. Raiz alimenta, âncora imobiliza.

→ *(Viver em paz para morrer em paz. P. 37)*

Há uma diferença entre ser idoso e ser velho. Idoso é aquele que tem bastante idade, velho é aquele que acha que já está pronto, que acha que não precisa mais aprender, que acha que não conseguirá mais aprender.

→ *(Educação, escola e docência. P. 35)*

Sonhar é ter uma expectativa que se queira atingir, delírio é a incapacidade de construir um caminho viável para se chegar ao objetivo.

→ *(A sorte segue a coragem! P. 63)*

Coragem não é ausência de medo, mas a capacidade de enfrentar o medo.

→ *(Liderança em foco. P. 39)*

Diferentemente do pânico, que é a incapacidade de ação, o medo é um estado de atenção.

→ *(Liderança em foco. P. 40)*


Ser humilde é diferente de ser subserviente. Uma pessoa subserviente é aquela que se dobra a qualquer coisa. Uma pessoa humilde sabe que o dela não é o único modo de ser, com um único modo de pensar.

→ *(Qual é a tua obra? P. 75)*


Paciência não é lerdeza. Paciência é capacidade de deixar maturar, seja uma ideia, um afeto, um projeto, um negócio, um estudo. Isso significa que pressa é diferente de velocidade. Fazer velozmente é uma habilidade. Fazer apressadamente é um equívoco.

→ *(Educação, escola e docência. P. 70)*

Idiossincrasia é aquilo que só eu sinto do modo que sinto.
→ *(Pensar bem nos faz bem! 3. P. 51)*

Compaixão é a capacidade de sofrer com a outra pessoa, não é sofrer pela outra pessoa.
→ *(Pensar bem nos faz bem! 2. P. 87)*

A Paz só se alcança com a anulação de todas as faces da violência, e só há justiça se todos tiverem paz.
→ *(Não se desespere! P. 104)*

Qual é a diferença entre conflito e confronto? Numa convivência há conflitos, isto é, divergências de posturas, de posições, de ideias. Confronto é a tentativa de anular o outro, é bater de frente. Num confronto, eu quero que o outro perca. No conflito quero que os dois ganhem, que eu e o outro saiamos ilesos daquela situação.

→ *(Educação, escola e docência. P. 125)*


Frustração é aquele sentimento de desalento quando algo desejado não acontece. Ficamos desalentados, sem inspiração, sem ânimo, especialmente quando algo poderia ter sido e não o foi, portanto, fica no campo das possibilidades perdidas.

→ *(Pensar bem nos faz bem! 3. P. 53)*

Creio que a dificuldade da mudança surge quando a pessoa tem nostalgia, e não saudade. Saudade é um sentimento gostoso de algo que já foi, de algo que a pessoa viveu e guardou boa lembrança. Por meio da saudade o acontecimento volta a ser presente. Já a nostalgia dói e, portanto, faz sofrer.

→ *(Liderança em foco. P. 49)*

Não basta viver, é preciso que a vida, ao ser partilhada, ao ser vivenciada, tenha, de fato, uma utilidade. Ser útil não é apenas ser prestativo, não é alguém que fica o tempo todo servindo às pessoas. É preciso, na vida útil, seguir a si mesmo servindo à própria vida.

→ *(Pensar bem nos faz bem! 2. P. 128)*

# Esperança, do princípio ao fim

A esperança é um princípio vital, expresso na sábia e verdadeira constatação comum de que "enquanto há vida há esperança"; mesmo face às mais (aparentemente) intransponíveis circunstâncias achamos possível ser de outro modo, inventamos e reinventamos alternativas, recusamos a possibilidade de as realidades nos dominarem, e, sem cessar, sonhamos com o mais e o melhor.

→ *(Não nascemos prontos! P. 67/68)*

Esse apodrecimento da esperança impede que a vida se engrandeça e remete milhares e milhares de homens e mulheres ao terreno da conformidade, da subserviência, da insignificância em relação à possibilidade de construir uma realidade que seja diferente.

→ *(Não se desespere! P. 110)*


Penso que uma das forças moventes da esperança é a tentativa de procurar o melhor e não apenas o possível.

→ *(Sobre a esperança. P. 43)*


A palavra não é casual: "desanimar", que vem do latim, significa perder a anima, "perder a alma". Desanimar é ficar sem o espírito de vitalidade. Desanimar é também desesperar, ou seja, perder a esperança.

→ *(Educação, escola e docência. P. 36)*

Momentos graves se tornam grávidos quando a esperança permite levar adiante a nossa utopia, o nosso sonho.

→ *(Educação, escola e docência. P. 37)*


O discurso apocalíptico é o discurso da desistência. O pessimista é alguém derrotado antes que o combate comece. Paulo Freire já dizia: "É preciso ter esperança, mas tem de ser do verbo esperançar, porque tem gente com esperança do verbo esperar, e, aí, não é esperança, mas pura espera".

→ *(Educação, convivência e ética. P. 22)*

# Virtudes vitais

A filosofia define virtude como força intrínseca, capacidade a ser desenvolvida – e eu sempre entendo virtude como uma força intrínseca que dirige o indivíduo para o bem. Em contrapartida, a força intrínseca que dirige para o mal é o vício.

→ *(Liderança em foco. P. 11)*


Quem não gosta de pessoas virtuosas? A virtude é também aprendida, não é algo que se nasça com ela, como condição genética.

→ *(Pensar bem nos faz bem! 2. P. 35)*

Fazer o bem é bom e faz bem. Essa ideia corresponde às noções de bom e belo da Grécia Antiga. Acho que a esperança como virtude é o que nos leva a procurar lidar com essas duas fomes. A primeira é contemplar e repartir o pão, a segunda é saber que vazio vamos preencher.

→ *(Sobre a esperança. P. 105)*

# Morte:
## real e simbólica

Talvez valesse a pena nos apegarmos aos ensinamentos de Epicuro que, já no século 3 a.C., entendia não ter o humano nenhuma relação com a morte. O ateniense, pregando a calma felicidade, disse não temer a morte porque nunca iria encontrá-la, pois "enquanto sou a morte não é; e desde que ela seja, não sou mais". Consolo pueril ou convicção racional? Não importa; ajuda a exorcizar o terrível mistério.

→ *(Não espere pelo epitáfio! P. 129)*

É sinal de humanidade não se conformar com a morte e, portanto, buscar vencer simbolicamente o que parece ser invencível. A própria palavra cemitério (derivada do grego), usada em vários idiomas, significa lugar para dormir, dormitório, lugar para descansar. Deixar esvair essa marca é extremamente perigoso, pois não propicia a especial ocasião de meditar sobre a vida e, eventualmente, descansar em paz.

→ *(Não nascemos prontos! P. 36/37)*

Suicídio, ele é, de fato, a perda do sentido, entendendo-se o termo na dupla acepção básica: como *significado* e como *direção*. Para que direção avançamos é algo ainda nebuloso e o significado de nosso cotidiano é questionável o tempo todo.

→ *(Nos labirintos da moral. P. 11)*

Não devemos deixar de lado a perspectiva de que, quando alguns dos nossos morrem, nós também morremos um pouco.

→ *(Pensar bem nos faz bem! 3. P. 127)*


É preciso lembrar que só os humanos são mortais, pois só os humanos sabem que vão morrer – os demais animais não lidam com o conceito de finitude e, portanto, não são mortais.

→ *(Viver em paz para morrer em paz. P. 167)*


A vida é Janus. É ter a capacidade de estar aqui com um olhar no futuro e outro no passado. Essa bifrontalidade é decisiva para ter a ideia de percurso, de currículo, da trajetória que se está trilhando. Embora se saiba que essa trilha é finita, não se pode ficar pensando em sua finitude o tempo todo.

→ *(Vivemos mais! Vivemos bem? P. 85)*

Há pessoas que acabam tendo a sua finitude ainda em vida, isto é, deixam de viver. E o deixar de viver não é aproveitar a vida no sentido da luxúria, do gasto, do consumo exagerado. Mas deixar de viver é não repartir afeto, amizade, competência, dedicação, tudo aquilo que nos dá força vital.

→ *(Pensar bem nos faz bem! 2. P. 140)*


O que queremos todos, aquilo que vale a pena, é vida longa e boa. Porque só vida longa pode ser uma experiência de agonia inútil.

→ *(Vivemos mais! Vivemos bem? P.29)*


O nosso sonho não é a imortalidade; nosso sonho é a cessação do sofrimento. E a cessação do sofrimento se dá não quando você é imortal, mas quando você, sendo mortal, sabe que, como diziam nossas avós, "não há mal que sempre dure nem bem que nunca se acabe".

→ *(Vivemos mais! Vivemos bem? P. 71)*

Vida boa é a presença do desejo e não a satisfação da necessidade. Quando temos a presença do desejo, continuamos adiante. Quando temos a satisfação da necessidade, somos mera biologia, isto é, mera corporeidade.

→ *(Vivemos mais! Vivemos bem? P. 99/100)*


Costumo dizer que não é a morte que me importa, porque ela é um fato. O que me importa é a vida que eu levo enquanto minha morte não vem.

→ *(A sorte segue a coragem! P. 187)*


A pessoa fica viva e realiza coisas porque tem a perspectiva de futuro. Porém, morre em vida quando não tem mais essa perspectiva.

→ *(Vivemos mais! Vivemos bem? P. 81)*

Vida em abundância é aquela em que a pessoa não é vitimada pela falta de esperança, pela falta de futuro. É aquela que impede que qualquer um de nós perca a capacidade de ser feliz.

→ *(Educação, escola e docência. P. 121)*

## Tempos do tempo

O tempo devora certezas, materialidades, expressões, relações, e anuncia rupturas e esquecimentos.

→ *(Não nascemos prontos. P. 91)*

Os gregos cultivavam duas expressões para se referir ao tempo: *chronos*, no sentido de passagem ou contagem do tempo; e *kairós*, para indicar o momento oportuno, aquele em que algo relevante acontece.

→ *(A sorte segue a coragem! P. 34)*

O tempo não é só passagem; é, também, esgotamento, restando para muitos apenas alguns horizontes de perplexidade tardia.

→ *(Não nascemos prontos. P. 94)*

Tempo e Vida? São o mesmo; minha vida é o meu tempo, ou seja, o continente no qual está o meu conteúdo vital, o invólucro no qual está contida a minha existência, o território com fronteiras que acolhem a minha presença no mundo por um período (um tempo) determinado e limitado apenas em referência aos outros tempos das outras vidas, mas absolutamente ilimitado para mim enquanto vivo.

→ *(Não se desespere! P. 137)*


O indivíduo é dono de si quando é dono do seu tempo. Como para nós, humanos, nosso tempo coincide com a nossa vida, ou seja, o meu tempo é a minha vida, para eu ser dono da minha vida, tenho que ser dono do meu tempo.

→ *(Política: Para não ser idiota. P. 64)*

O principal pecado capital, portanto, é o da covardia, do pânico em relação ao que deve ser feito, ao que se precisa enfrentar, ao que se precisa viver. Isso envelhece bastante. A preguiça envelhece.

→ *(Vivemos mais! Vivemos bem? P. 13)*


Quem estuda história ou vive a percepção de seu desenrolar no tempo sabe que as coisas que assim são hoje não eram assim antes. E, se assim não eram, não teriam, necessariamente, de vir a ser mais adiante. Portanto, a possibilidade de historicidade dá a ideia de uma não tragédia em relação à própria existência, isto é, a possibilidade de que o indivíduo construa de outro modo aquilo que talvez pareça fechado e fatal.

→ *(Sobre a esperança. P. 38/39)*

Todo ser humano sempre viveu na época contemporânea, sem exceção. Portanto, somos todos contemporâneos, em qualquer idade. Mas não somos contemporâneos do mesmo jeito. E é essa diversidade da nossa contemporaneidade que provoca colisões em relação aos modos de comunicação, educação e convivência.

→ *(A era da curadoria. P. 106)*


A ideia de vida longa implica viver mais e viver bem. Mas, no meu entender, viver bem não é só chegar a uma idade mais avançada com qualidade material de vida. É também adquirir a capacidade de olhar a trajetória. Porque a vida não é só o agora, é o percurso. Ela é a soma de todos os momentos numa extensão de tempo.

→ *(Vivemos mais! Vivemos bem? P.17)*

Eu só vivo o cotidiano. O que chamo de "viver a minha vida" é uma abstração, porque eu não vivo a minha vida, vivo um pedaço da minha vida a cada cotidiano. Assim sendo, eu não posso desperdiçar o meu tempo nesse cotidiano, pois seria perder vida.

→ *(A sorte segue a coragem! P. 127/128)*


A sensação de tempo desperdiçado resulta da falta de conexão entre o que fazemos e os nossos propósitos.

→ *(A sorte segue a coragem! P. 130)*

# Cotidiano acelerado, mundo fugaz

Nem tudo o que parece moderno o é; às vezes apresenta-se como simples modismo ou mera novidade passageira.

→ *(Não se desespere! P. 99)*

Você só é porque é percebido, se não é percebido não tem existência. Acho que isso é um dos fatores que contribui para essa espetacularização, que se reflete nos meios de comunicação, no desejo por fama, mesmo que ela seja fugaz.

→ *(Nos labirintos da moral. P. 101)*

Um fenômeno característico destes nossos tempos é a exagerada aceleração do cotidiano e a velocidade espantosa com a qual as alterações se processam. Mal nos damos conta de um fato, acontecimento, relato ou situação, e... lá se foram o registro e a percepção para longe de nossa memória próxima. Fatos que nos atingiram fortemente, acontecimentos que nos abalaram, relatos que nos emocionaram ou situações que nos inquietaram, desaparecem das nossas lembranças, antes mesmo que os tenhamos podido compreender melhor.

→ *(Não nascemos prontos! P. 27)*

A celeridade e a densidade de eventos quase não nos permitem tempo para observar o inédito, até porque tem muito inédito em sequência. Não dá mais para refletir muito tempo sobre uma primeira página de jornal. Ao entrar numa página da internet, logo se está em outra e se pula para outra e outra...

→ *(A sorte segue a coragem! P. 161)*

Há uma estonteante presentificação do futuro que pode sequestrar a compreensão da vida como história e processo coletivo, fazendo, por exemplo, parecer que, como o terceiro milênio ocidental recém-iniciado, ele será todo vivido e passado já; fala-se no terceiro milênio como se ele fosse esgotar-se nas próximas décadas.

→ *(Não nascemos prontos. P. 41)*


É preciso que nossos jovens ultrapassem a percepção reduzida de que é necessário fazer tudo agora, ao mesmo tempo, de uma vez, isto é, "aproveitar a vida" como sinônimo de viver apenas o momento presente. Vida humana é história pessoal, e história é tempo que também tem futuro.

→ *(Educação, convivência e ética. P. 100)*

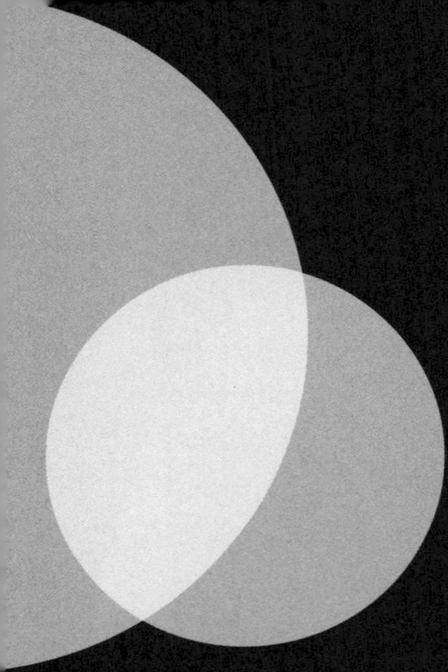

# POLÍTICA

# A POLIS É NOSSA

Política não é obrigatoriamente consenso. Consenso é uma parte do ato político, mas não é a única forma de lidar com as diferenças. A palavra *consenso*, às vezes, passa a sensação de que é necessário reduzir, abrandar as divergências – e, portanto, impedi-las.

→ *(Política: Para não ser idiota. P. 86)*


Algo inerente à vitalidade republicana é a capacidade de acolher a discordância, a oposição respeitosa, a discussão que fica fora do pensamento único.

→ *(Pensar bem nos faz bem! 4. P. 62)*

O consenso nada mais é que, num determinado momento, um acordo relativo a um ponto. É possível ter um consenso estabelecido entre uma minoria, pois ele não é necessariamente a decisão da maioria. O consenso é o anúncio de que se vai evitar o confronto. Para viabilizar a convivência, admitimos que uma determinada decisão prevaleça. Por vezes, aceitamos o consenso para evitar um confronto simplesmente por cansaço, por fastio.

→ *(Política: Para não ser idiota. P. 87)*


Acho que a intolerância vem à tona quando se tem disputa de poder por um ponto de vista.

→ *(Verdades e mentiras. P. 39)*

Existe a luta que se trava a favor e a luta que se trava contra. Quem ou o que luta a favor é *protagonista*; quem ou o que luta contra é *antagonista*. Muitas vezes, temos a política como antagonista da nossa convivência livre e coletiva. Penso que temos que ser protagonistas.

→ *(Política: Para não ser idiota. P. 96)*


Não se confunda política com partido. Partido é uma forma de se fazer política.

→ *(Não se desespere! P. 95)*


Muita gente às vezes supõe que política seja uma coisa negativa e cidadania uma coisa positiva. Vale recorrer à origem das palavras. Como dito antes, *polis*, em grego, gerou a palavra "política", que significa "sociedade", "cidade". E *civitate*, em latim, é "cidade" também. Portanto, dizer que alguém é "cidadão" ou é "político" significa apenas a escolha de um idioma.

→ *(Não se desespere! P. 95)*

Hoje encontramos uma série de discursos, lemas, planos pedagógicos e governamentais que falam em cidadania como se fosse uma dimensão superior à política. Muito se diz que a tarefa da escola é a promoção da cidadania, sem interferência da política. Não se menciona o conceito de política, como se ele fosse estranho ao trabalho educacional.

→ *(Educação, convivência e ética. P. 53)*

Não é, no entanto, tarefa da escola a promoção da política partidária, porque partido ou é uma questão de foro íntimo ou deve se dar nos seus espaços próprios. É imprescindível levar esse tema para o debate no projeto pedagógico da escola, sem assumir um viés partidário e sem, porém, invisibilizar o conhecimento das múltiplas posturas.

→ *(Educação, convivência e ética. P. 54)*

Política é a vida em comunidade, a vida em sociedade, portanto, a obra humana coletiva. Creio que uma das razões, em algumas circunstâncias, do apodrecimento da esperança reside justamente no fato de as pessoas não terem contato com o resultado da obra que fazem.

→ *(Sobre a esperança. P. 76)*

Quando nos nossos dias se fala em educação na família e na escola, é muito comum o conjunto de pessoas perguntar: "Mas qual é a referência?". Não há mais padrão de disciplina, não há mais padrão de conduta. No campo da vida pública, quem está correto: aquele do "rouba, mas faz" ou aquele que, sendo decente, nada realiza porque se constrange e aí não tem eficácia nessa organização? Acho que essa complexidade precisa nos trazer, de fato, a percepção de que ser complexo não é ser impossível. Significa que se torna apenas mais difícil que tenhamos que fazer as escolhas, mas essas escolhas continuam existindo.

→ *(Ética e vergonha na cara! P. 61)*

O que podemos constatar é que acabou se invertendo o conceito original de idiota, pois a expressão *idiótes*, em grego, significa aquele que só vive a vida privada, que recusa a política, que diz não à política. No cotidiano, o que se fez foi um *sequestro semântico*, uma inversão do que seria o sentido original de idiota.

→ *(Política: Para não ser idiota. P. 7/8)*

# Democracia: soma de autonomias

A democracia não é a ausência de regras; ela é a ausência de opressão.

→ *(Basta de cidadania obscena! P. 74/75)*

A democracia não é um fim em si mesma; é uma poderosa e indispensável ferramenta para a construção contínua da cidadania, da justiça social e da liberdade compartilhada. Ela é a garantia do princípio da igualdade irrestrita entre todas e todos – até para quem dela discorda.

→ *(Não espere pelo epitáfio! P. 125/126)*

No meu entender, democracia não é ausência de divergências mediante sua anulação. É a convivência das divergências sem que se chegue ao confronto.

→ *(Política: Para não ser idiota. P. 86)*

Temos, hoje, aquilo que Paulo Freire chamava de inédito viável, como possibilidade de fazer uma nação que seja decente em sua convivência pública, dado que a decência na convivência privada é uma questão do indivíduo. A decência na convivência pública é um requisito da democracia.

→ *(Verdades e mentiras. P. 94)*

Princípios como transparência, isonomia e liberdade de expressão apoiam uma salvaguarda contra qualquer tirania.

→ *(Ética e vergonha na cara! P. 31)*

A palavra soberano vem do latim *superanus, super (sobre), aquele que está acima de todos e não se subordina a ninguém.*

→ *(Política: Para não ser idiota. P. 16)*


Autonomia, por sua vez, a partir do vocábulo grego *autós* (por si mesmo) e *nómos* (o que me cabe por direito ou dever) indica limites oriundos da vida em meio a outras pessoas, também elas autônomas.

→ *(Política: Para não ser idiota. P. 16)*

# Corrupção: a decência em corrosão

A ocasião faz o ladrão só quando há uma decisão por ser ladrão; não é a ocasião, mas o possível ladrão que decide. Portanto, a decisão continua a ser determinada pelo indivíduo e não pela circunstância.

→ *(Ética e vergonha na cara! P. 77)*

A novidade hoje não é a presença da corrupção, mas é a informação sobre ela, a indignação em vários níveis e, especialmente, a possibilidade de iluminá-la. Para usar um ditado caipira, "o sol é o melhor detergente".

→ *(Política: Para não ser idiota. P. 84)*

Criticar o político e não atentar para as próprias atitudes é um equívoco. Não pedir a nota fiscal porque não quer perder tempo e, dessa forma, retirar recursos da saúde e da educação; só respeitar os limites de velocidade no trânsito quando há radar próximo; não registrar a empregada doméstica, o que é uma exigência da lei; todas essas situações a pessoa acha que não é corrupção, que essa prática deletéria seria uma exclusividade do campo político. Cuidado. Vale lembrar que não existe corrupto sem corruptor.

→ *(Educação, convivência e ética. P. 77)*


A ira inteligente é aquela que reage ao incorreto.

→ *(Pensar bem nos faz bem! 4. P. 66)*

Penso que o corrupto de qualquer natureza e em qualquer lugar não merece a convivência numa sociedade que desejamos sadia. Por isso, a corrupção não pode ficar de braços dados com a impunidade.

→ *(Ética e vergonha na cara! P. 101)*

# ÉTICA NA NOSSA CASA

A ética é o conjunto de princípios e valores da nossa conduta na vida junta. Portanto, ética é o que faz a fronteira entre o que a natureza manda e o que nós decidimos.

→ *(Qual é a tua obra? P. 106)*

Os gregos chamam de *ethos* aquilo que nos dá identidade. Como não nascemos prontos, seremos formados a partir de um princípio básico, que é o da liberdade de escolha – que poderá ser benéfica ou maléfica em relação à minha comunidade.

→ *(Educação, convivência e ética. P. 17)*

A ética é histórica. Ela é relativa ao tempo, ao grupo, ao nascimento, à sociedade.

→ *(Verdades e mentiras. P. 26)*


Fazer o bem significa elevar a vida coletiva, impedir a desertificação do futuro, não acatar a esterilização dos sonhos, isto é, fazer com que a vida possa ir no máximo das suas possibilidades.

→ *(Educação, convivência e ética. P. 9)*


O que é uma pessoa íntegra? É uma pessoa correta, que não se desvia do caminho, uma pessoa justa, honesta. É uma pessoa que não tem duas caras. Qual a grande virtude que caracteriza uma pessoa íntegra? Ela é sincera.

→ *(Educação, convivência e ética. P. 18)*

Há certa confusão, quando se pensa em comportamento ético, entre o natural, o normal e o comum. Natural é aquilo que é atávico, o que é da natureza, que só é alterado mediante intervenção. Normal é o que está de acordo com a norma e comum é um critério de frequência. Em nosso país, vincular partido a corrupção já foi entendido como uma relação natural; hoje, é entendido como normal, embora muitos considerem essa relação frequente, mas não necessariamente da norma nem da natureza.

→ *(Sobre a esperança. P. 81/82)*

O que é justiça? É quando cada pessoa tem a partilha da produção coletiva da vida, de modo que ninguém tenha carência sem alternativa de solução.

→ *(Educação, convivência e ética. P. 31)*

O que é paz? É a presença da justiça. Se a justiça estiver presente, a paz virá à tona. É a ideia da ética tendo a paz como horizonte. Não é a paz apenas como ausência de conflito. É a paz do espírito, a paz do dever cumprido, a paz advinda da satisfação de ter feito o bem.

→ *(Educação, convivência e ética. P. 31)*


O conceito de digno é, de forma geral, aplicado às pessoas ou aos fatos impregnados de méritos ou decência, a ponto de merecerem registro mais permanente na nossa memória.

→ *(Não espere pelo epitáfio! P. 43)*

# BEM PÚBLICO

A quem pertence a coisa pública? Quem é o proprietário de algo que é público, que, a princípio, seria de todos e todas? É claro que o proprietário daquilo que é de todos e todas são todos e todas. Embora pareça óbvio, não é incomum no nosso país – mas não para sempre – que se imagine que a coisa pública, a *res publica*, como diriam os latinos, não tenha dono.

→ *(Pensar bem nos faz bem! 2. P. 36)*


Porque o público, é óbvio, não é aquilo que é de ninguém, mas sim aquilo que é de todos.

→ *(Verdades e mentiras. P. 88)*

Zelar por algo é fazer com que a integridade – de uma ideia, de um objeto, de uma pessoa, de um lugar – seja preservada, mantida inteira e, portanto, não tenha rachaduras nem ameaças.

→ *(Pensar bem nos faz bem! 2. P. 32)*


Viver é *con*viver, seja na cidade, ainda que em casa ou prédio, seja no país, seja no planeta. A vida humana é *condomínio*.

→ *(Política: Para não ser idiota. P. 12)*

# Participação x omissão

No meu entender, a questão é que a não participação política pública do cidadão no cotidiano facilita a delinquência estatal, e esse mesmo cidadão supõe que pode cobrar uma eficácia que não sustenta como, digamos, proprietário do Estado.

→ *(Política: Para não ser idiota. P. 46)*


Acho que a política, tal como está, é resultado de nossos atos, conscientes ou não. Visto que se faz política mesmo quando não se sabe que se está fazendo, numa sociedade de diferenças e confrontos, a neutralidade é ficar do lado do vencedor.

→ *(Política: Para não ser idiota. P. 53)*

Se eu participo, se eu tenho atividade, eu cumpro a antiga máxima: "É melhor acender uma vela do que amaldiçoar a escuridão".

→ *(Não espere pelo epitáfio! P. 50)*

Não admito, no dia a dia, que a gente se satisfaça com a clássica expressão: "alguém tem de fazer alguma coisa". Porque essa ideia deve ser traduzida em união, em solidariedade e trabalho cooperativo. Do contrário, é a rendição da nossa amorosidade, é a ideia do desespero merecido.

→ *(Sobre a esperança. P. 63)*

Há uma fratura ética no nosso cotidiano que é a acomodação. Isto é, a percepção de que as coisas são como são. Não por serem do melhor modo, mas porque do modo como são não demandam esforço.

→ *(Educação, convivência e ética. P. 37)*

Radical é aquele – como lembra a origem etimológica – que se firma nas raízes, isto é, que não tem convicções superficiais, meramente epidérmicas; radical é alguém que procura solidez nas posturas e decisões tomadas, não repousando na indefinição dissimulada e nas certezas medíocres.

→ *(Não espere pelo epitáfio! P. 13)*


O mesquinho não é aquele que vive numa casa em que uns têm e outros não têm. O mesquinho é aquele que nada faz para impedir que isso aconteça. Nós vivemos nesta casa. É o conformado com consciência, o que chamaríamos de reacionário, mas há quem ache que esse é o melhor modo de ser.

→ *(Educação, convivência e ética. P. 35)*


"Os ausentes nunca têm razão." Embora pudessem estar com alguma razão, eles a perdem pelo fato de se ausentarem.

→ *(Política: Para não ser idiota. P. 16)*

Um passo decisivo nesse processo de resiliência ativa é a recusa a dois mitos: nada pode ser feito e tudo pode ser feito. Se compreendermos a vacuidade desses dois mitos, encontraremos o que pode ser feito.

→ *(Educação, convivência e ética. P. 45)*

## Poder: de quem para quem

A finalidade do poder é servir – servir à comunidade, à família, à empresa, a um grupo religioso etc. E todo poder que, em vez de servir, se serve, é um poder que não serve. A finalidade do poder não é servir a si mesmo.

→ *(Liderança em foco. P. 85)*


Ao olharmos algumas figuras na política, é difícil entender, exceto pelo gosto pela adrenalina, o que estão fazendo até hoje dentro dessa atividade.

→ *(Pensar bem nos faz bem! 4. P. 40)*

Questão básica: o Governo nos representa. Nós precisamos fazer com que o poder público esteja atuando na direção das nossas necessidades e, de outro lado, precisamos ter informação, conhecimento, lembrando que a cidadania não se esgota na eleição, não termina no voto. Ela se dá no dia a dia, quando eu participo, quando eu debato, interesso-me.

→ *(Não se desespere! P. 43)*

# RELIGIÃO

## Crenças e caminhos

Muitas vezes a religião nos inspira a refletir sobre a nossa rota e o nosso lugar no mundo.
→ *(A sorte segue a coragem! P. 105)*

As pessoas não abraçam uma religião para se sentirem mais sábias, e sim para se sentirem mais fortes.
→ *(Viver em paz para morrer em paz. P. 156)*

Viver é automático, mas sentir-se vivendo não o é. Não é casual que uma parte das religiões trabalha com a ideia de aprender a respirar de um modo que você não só viva, mas perceba a vida fluindo, de modo sistólico e diastólico.
→ *(Felicidade foi-se embora? P. 95/96)*

Afinal, religião e filosofia não obrigatoriamente são incompatíveis.

→ *(Pensar bem nos faz bem! 1. P. 88)*

O que leva um ser humano a acreditar em profecias ou a seguir determinadas crenças? Antes de mais nada, somos seres que têm noção de tempo (passado, presente e futuro); sabemos, também, que somos finitos e que a vida individual acaba. Não queremos acabar, a menos que se perca a esperança de viver diferente e melhor. Para tanto, desejamos saber, sempre, o que vai nos acontecer, isto é, o que é que vem pela frente; nossa insegurança em relação ao futuro e nossa busca em compreendê-lo leva, muitos, a procurarem explicações mais fantasiosas que, pelo menos, ofereçam alguma proteção contra o inesperado (mesmo que ele não seja bom).

→ *(Não nascemos prontos! P. 129/130)*

O cético não é aquele em que nada acredita, mas aquele que, do ponto de vista da Filosofia, só acredita naquilo que pode ser provado. E como acha que nada pode ser completamente provado, prefere não acreditar.

→ *(Pensar bem nos faz bem! 3. P. 46)*


Há pessoas que têm pensamentos diversos do nosso e isso nos auxilia a refinar os nossos pensamentos e nos ajuda também a buscar maior certeza ou até dificuldade naquilo que temos de encontrar. Uma das coisas mais complicadas é respeitar a convicção religiosa que as outras pessoas carregam.

→ *(Pensar bem nos faz bem! 1. P. 77)*

# Espiritualidade:
## além da matéria

Não é só a obra humana que me encanta; a natureza também. E, para mim, ela é marca de espiritualidade.

→ *(Felicidade foi-se embora? P. 125)*

A Religiosidade é uma percepção e uma conexão com a Vida, que procura captar, fruir e proteger tudo aquilo que ultrapassa a materialidade e a imediaticidade do Mundo, ou seja, um sentimento que deseja fixar os múltiplos e intrigantes significados da existência para além da sensação de tudo e de nós mesmos: provisórios, passageiros, finitos e, portanto, precários e desnecessários.

→ *(Não se desespere! P. 91)*

Belo é o que emociona, mexe conosco, seja pelo êxtase, pelo incômodo, pela admiração, pela alegria, pela meditação, pela vibração. Por isso, para nós, o belo é sagrado, pois o sagrado é o que faz a vida vibrar em nós, e nos leva a respeitar o Mistério.

→ *(Pensatas pedagógicas. P. 137)*

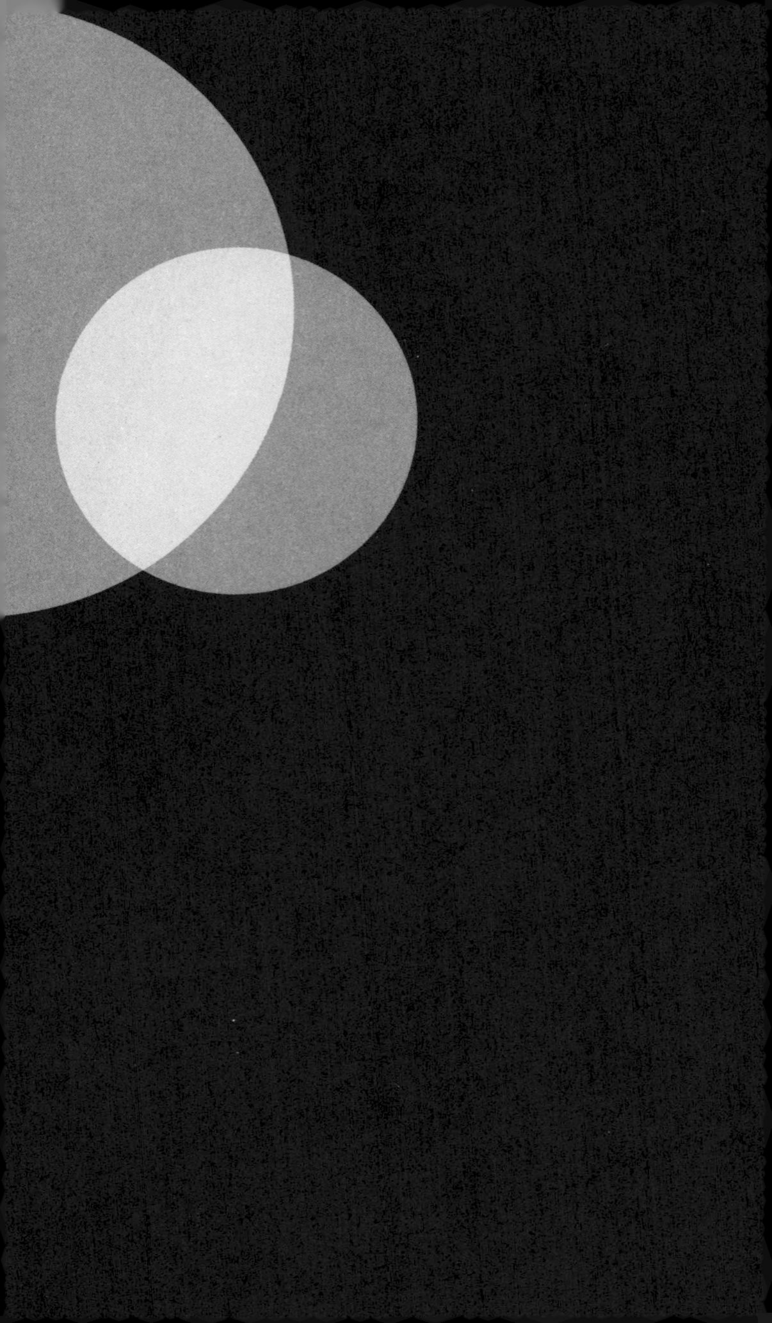

# CIÊNCIA
# E
# ARTE

## OS SERES E O MUNDO

---

A ciência calcula que, para cada ser humano na Terra, existem 7 bilhões de insetos! Imaginemos, mesmo em delírio reflexivo, se só os que te "pertencem" viessem te procurar dizendo: Qual é? O que estão fazendo com o lugar que partilhamos? Basta de insultar o nosso abrigo comum e arriscar a proteção da simbiose!

→ *(Não espere pelo epitáfio! P. 34)*

Nós, seres humanos, somos muito arrogantes. Somos tão arrogantes que nos consideramos proprietários do planeta quando não o somos. Somos apenas usuários compartilhantes.

→ *(Nos labirintos da moral. P. 21)*

Em vez de "se eu pudesse ter 20 anos com a cabeça que tenho agora", a frase passou a ser: "Com a cabeça que tenho, quero ser como se tivesse 20 anos". Não quero ser alguém de 20. Acho que isso mudou até mesmo no campo da medicina e da estética. Hoje, muitas mulheres, mas também alguns homens, procuram alterar partes do corpo com o uso de cirurgia plástica. Não mais para simular uma idade que não têm, mas a fim de evitar algumas marcas mais evidentes do tempo em sua aparência. Isso indica uma mudança de configuração na percepção da idade, em termos sociais e culturais".

→ *(Vivemos mais! Vivemos bem? P. 87/88)*

Da perspectiva da etnobiologia, uma das coisas mais inteligentes da natureza é ela preservar aquele que acumulou experiência. Isto é, fazer com que ele diminua o ritmo – entre em modo segurança, como diríamos usando o jargão da informática –, para que se mantenha vivo por mais tempo e as próximas gerações possam usufruir desse conhecimento acumulado.

→ *(Vida e carreira. P. 68)*

O nosso romantismo, quando desvairado, nos faz olhar as estrelas e nos embevecer com a ideia de que somos os únicos capazes de admirá-las. Não haveria nada de errado se a questão se resumisse a admirá-las. Mas o ponto é que o Humano se sente proprietário das estrelas, ou mesmo a razão de ser das estrelas – e o Humano não é o centro do Universo nem o proprietário de nada além de suas posses terrenas.

→ *(Viver em paz para morrer em paz. P. 87)*

# Tecnologia: espaço e memória

É preciso cautela com a **informatolatria**. Tecnologia em si mesma não é requisito exclusivo para avaliar e fomentar a qualidade da produção e da vida humana. Afinal, não é a utilização de avançados "editores de texto" que possibilitou, por exemplo, a elaboração de grandes obras na literatura.

*(Não espere pelo epitáfio! P. 89)*

Com o mundo digital, a informação que antes ficava armazenada numa biblioteca, por exemplo, hoje pode ser acessada em poucos cliques. Mas *informação disponível não significa necessariamente informação qualificada.*

→ *(Educação, escola e docência. P. 63)*

Será a inteligência artificial uma ferramenta demoníaca ou, finalmente, estamos prestes a redimir Prometeu por nos ter entregado o fogo roubado dos deuses?

→ *(Não espere pelo epitáfio! P. 90)*

Hoje, os estímulos são quase ininterruptos. A questão, sem dúvida, não é a tecnologia em si, mas o seu uso imoderado ou aleatório. A tecnologia tem esse efeito danoso, mas produz evidentes efeitos benéficos em várias situações.

→ *(A sorte segue a coragem! P. 108)*

O uso de algumas tecnologias nos induz a olhar para dentro, produzindo uma espécie de encapsulamento. Como nossa atenção fica pulverizada, nos falta tempo para nos encontrarmos – não só como autoconhecimento, mas como capacidade de enxergar as oportunidades.

→ *(A sorte segue a coragem! P. 146)*

## Artes e impressões

A arte tem uma serventia muito grande. Serve para que sejamos capazes de produzir beleza, assim como um teorema tem beleza, assim como um texto poético ou um texto científico tem beleza, também a arte nos leva a sermos capazes de deixar nossa marca, a nossa impressão dentro das coisas.

→ *(Pensar bem nos faz bem! 1. P. 102)*


Em nosso século, desde seu início, a reação à pretensão de exclusividade da racionalidade tem sido furiosa na trincheira das Artes e da Filosofia; ademais, a capacidade humana (racional?) de autodestruição e de eliminação da vida planetária tem acompanhado de perto as conquistas e benefícios da Razão técnico-científica.

→ *(Não espere pelo epitáfio! P. 101)*

Ao procurarmos um museu, convém lembrar que se trata de um lugar de conhecimento muito especial para olharmos a trajetória humana e, ao mesmo tempo, sermos capazes de uma reverência, de uma admiração daquilo que é antigo, mas que, de maneira alguma, envelheceu.

→ *(Pensar bem nos faz bem! 1. P. 98)*

## Criação e fruição

Hoje, não há ninguém desocupado em lugar nenhum, e isso impede a criação. O tédio é o mais forte motivo para a criatividade. Portanto, a ausência de tédio permite informação, mas nos faz reduzir nosso espaço de conhecimento.

→ *(A era da curadoria. P. 85)*


Há momentos em que é preciso cessar as obrigações para poder se dedicar a um tempo de fruição.

→ *(A sorte segue a coragem! P. 130)*

Parece que a possibilidade da contemplação foi esquecida. A contemplação da obra, do som, do outro. Isso exige uma visão diferente do tempo; trata-se do tempo para você e não daquela noção do tempo que se esvai.
→ *(Nos labirintos da moral. P. 89)*


O tédio cria um ambiente absolutamente fértil para a criatividade vir à tona. A arte seria impossível com a ocupação contínua. Só existe arte, Filosofia, inovação, digamos, por conta da desocupação eventual.
→ *(A sorte segue a coragem! P. 132)*

# Letras vivas

A grande capacidade de escrita de um autor é quando ele consegue fazer com que quem o leia se sinta tocado pessoalmente, tenha um enganchamento com a sensibilidade, com a reflexão.

→ *(Pensar bem nos faz bem! 3. P. 87)*

O que é um bom livro? A subjetividade da resposta é evidente. No entanto, é possível estabelecer um critério: um bom livro é aquele que te emociona, isto é, aquele que produz em ti sentimentos vitais, que gera perturbações, que comove, abala ou impressiona.

→ *(Não nascemos prontos! P. 133)*

Uma boa forma de literatura é a que nos leva à imaginação e não apenas àquilo que está revelado ali, naquela hora.

→ *(Pensar bem nos faz bem! 1. P. 31)*


Escrever com desenvoltura é uma arte, que exige formação, treino, sensibilidade. A arte não é o automático, a arte é, sim, dedicação.

→ *(Pensar bem nos faz bem! 1. P. 47)*


A biografia pode ser inspiradora e ajudar a pensar muitos exemplos de superação, reflexão, meditação. Não é apenas uma diversão, várias vezes também o é, mas trata-se de um excelente aprendizado.

→ *(Pensar bem nos faz bem! 1. P. 52)*

Felicidade é fertilidade. Momentos como terminar um livro, finalizar um artigo, equacionar um problema de geometria ou um teorema, como nos tempos de escola, permitem que nos sintamos absolutamente férteis

→ *(Felicidade foi-se embora? P. 84)*


A perenidade estética, a capacidade de persistir no tempo sem perder robustez, está ligada àqueles livros que são de todos os tempos e não apenas livros do momento, que são eventualmente superficiais ou ruins, esquecíveis.

→ *(Pensar bem nos faz bem! 3. P. 81)*

Dos vários modos que existem para aprender a viver melhor, um dos que mais aprecio é a escrita. Para escrever, é preciso pensar. Para escrever bem, é preciso pensar bem. Escrever ajuda a elaborar o raciocínio, a sublimar emoções, a organizar o mundo.

→ *(Viver em paz para morrer em paz. P. 13)*

# BIBLIOGRAFIA

*A era da curadoria:* O que importa é saber o que importa!, com Gilberto Dimenstein. São Paulo: Papirus 7 Mares, 2016.

*A escola e o conhecimento:* Fundamentos epistemológicos e políticos. São Paulo: Cortez Editora, 1998.

*A sorte segue a coragem!* Oportunidades, competências e tempos de vida. São Paulo: Planeta do Brasil, 2018.

*Basta de cidadania obscena!,* com Marcelo Tas. São Paulo: Papirus 7 Mares, 2017.

*Vivemos mais! Vivemos bem? Por uma vida plena.* São Paulo: Papirus 7 Mares, 2013.

*Descartes: A paixão pela razão.* São Paulo: FTD, 1988.

*Educação, convivência e ética: Audácia e esperança!* São Paulo: Cortez Editora, 2015.

*Educação, escola e docência: novos tempos novas atitudes.* São Paulo: Cortez Editora, 2014.

*Ética e vergonha na cara!,* com Clóvis de Barros Filho. São Paulo: Papirus 7 Mares, 2014.

*Felicidade foi-se embora?,* com Eugenio Mussak. Rio de Janeiro: Vozes, 2016.

*Liderança em foco*. São Paulo: Papirus 7 Mares, 2009.

*Não espere pelo epitáfio!* Provocações filosóficas. Rio de Janeiro: Vozes, 2005.

*Não nascemos prontos!* Provocações filosóficas. Rio de Janeiro: Vozes, 2006.

*Não se desespere!* Provocações filosóficas. Rio de Janeiro: Vozes, 2013.

*Nos labirintos da moral*, com Yves de La Taille. São Paulo: Papirus 7 Mares, 2005.

*Pensar bem nos faz bem!* Pequenas reflexões sobre grandes temas. Rio de Janeiro: Vozes, 2013. v. 1.

*Pensar bem nos faz bem!* Pequenas reflexões sobre grandes temas. Rio de Janeiro: Vozes, 2013. v. 2.

*Pensar bem nos faz bem!* Pequenas reflexões sobre grandes temas. Rio de Janeiro: Vozes, 2015. v. 3.

*Pensar bem nos faz bem!* Pequenas reflexões sobre grandes temas – vol. 4. Rio de Janeiro: Vozes, 2015.

*Pensatas pedagógicas* – Nós e a escola: Agonias e alegrias. Rio de Janeiro: Vozes, 2014.

*Política: Para não ser idiota*, com Renato Janine Ribeiro São Paulo: Papirus 7 Mares, 2010.

*Por que fazemos o que fazemos?* Aflições vitais sobre trabalho, carreira e realização. São Paulo: Planeta do Brasil, 2016.

*Qual é a tua obra?* Inquietações propositivas sobre gestão, liderança e ética. Rio de Janeiro: Vozes, 2007.

*Sobre a esperança: Diálogo*, com Frei Betto São Paulo: Papirus 7 Mares, 2007.

*Verdades e mentiras: Ética e democracia no Brasil*, com Gilberto Dimenstein, Leandro Karnal e Luiz Felipe Pondé. São Paulo: Papirus 7 Mares, 2016.

*Vida e carreira: Um equilíbrio possível?*, com Pedro Mandelli. São Paulo: Papirus 7 Mares, 2011.

*Viver em paz para morrer em paz.* Se você não existisse, que falta faria? São Paulo: Planeta do Brasil, 2017.

*Vivemos mais! Vivemos bem?* Por uma vida plena, com Terezinha Azerêdo Rios. São Paulo: Papirus 7 Mares, 2013.

Este livro foi composto em Adobe Garamond Pro e Bliss Pro e impresso pela RR Donnelley para a Editora Planeta do Brasil em novembro de 2018.